中国文化
知识读本

ZHONGGUO WENHUA ZHISHI DUBEN

金开诚◎主编　赵　宏◎编著

吉林出版集团有限责任公司
吉林文史出版社

灶神 门神 财神

图书在版编目（CIP）数据

灶神 门神 财神 / 赵宏编著 . 一长春：吉林出
版集团有限责任公司：吉林文史出版社，2009.12（2022.1 重印）
（中国文化知识读本）
ISBN 978-7-5463-1699-4

Ⅰ . ①灶… Ⅱ . ①赵… Ⅲ . ①神 – 文化 – 中国 Ⅳ .
① B933

中国版本图书馆 CIP 数据核字（2009）第 236871 号

灶神　门神　财神

ZAOSHEN MENSHEN CAISHEN

主编/ 金开诚 编著/赵宏
项目负责/崔博华 责任编辑/曹恒　崔博华
责任校对/袁一鸣 装帧设计/曹恒
出版发行/吉林文史出版社　吉林出版集团有限责任公司
地址/长春市人民大街4646号　邮编/130021
电话/0431-86037503　传真/0431-86037589
印刷 / 三河市金兆印刷装订有限公司
版次/2009 年 12 月第 1 版　2022 年 1 月第 17 次印刷
开本/650mm×960mm　1/16
印张/8　字数/30千
书号/ISBN 978-7-5463-1699-4
定价/34.80元

关于《中国文化知识读本》

文化是一种社会现象，是人类物质文明和精神文明有机融合的产物；同时又是一种历史现象，是社会的历史沉积。当今世界，随着经济全球化进程的加快，人们也越来越重视本民族的文化。我们只有加强对本民族文化的继承和创新，才能更好地弘扬民族精神，增强民族凝聚力。历史经验告诉我们，任何一个民族要想屹立于世界民族之林，必须具有自尊、自信、自强的民族意识。文化是维系一个民族生存和发展的强大动力。一个民族的存在依赖文化，文化的解体就是一个民族的消亡。

随着我国综合国力的日益强大，广大民众对重塑民族自尊心和自豪感的愿望日益迫切。作为民族大家庭中的一员，将源远流长、博大精深的中国文化继承并传播给广大群众，特别是青年一代，是我们出版人义不容辞的责任。

《中国文化知识读本》是由吉林出版集团有限责任公司和吉林文史出版社组织国内知名专家学者编写的一套旨在传播中华五千年优秀传统文化，提高全民文化修养的大型知识读本。该书在深入挖掘和整理中华优秀传统文化成果的同时，结合社会发展，注入了时代精神。书中优美生动的文字、简明通俗的语言、图文并茂的形式，把中国文化中的物态文化、制度文化、行为文化、精神文化等知识要点全面展示给读者。点点滴滴的文化知识仿佛颗颗繁星，组成了灿烂辉煌的中国文化的天穹。

希望本书能为弘扬中华五千年优秀传统文化、增强各民族团结、构建社会主义和谐社会尽一份绵薄之力，也坚信我们的中华民族一定能够早日实现伟大复兴！

【目录】

一 三神概说

（一）灶神概说

灶神，在民间也称灶王、灶君、灶王爷、灶公灶母、东厨司命等，是我们中国古代神话传说中掌管饮食的神灵，晋代以后则成为督察人间善恶的司命之神。

灶神的"灶"，当然是指炉灶、锅灶、灶台，我们都见过。那么最原始的灶是什么样子的呢？远古时期，我们的祖先常常在住地烧起一堆堆的长明火，这就是最原始的灶了。那时的人们用它来照明、取暖、烤熟食物、防御野兽、烧制器皿。自人类脱离茹毛饮血的野蛮状态，发明用火烤熟食物以后，随着社会以及生产的发展，灶就渐渐地与人类生活密切相关了。崇拜灶神也就成为诸多拜神活动中的一项重要内

灶神牌位

容。所以《礼记·祭法》中"王为群姓立七祀"，即有一祀为"灶"，而庶士、庶人立一祀，"或立户，或立灶"。今天，中国人在大年三十围炉守岁的习俗，就是残存的原始遗风。

　　人们对火的自然崇拜是早期灶神产生的原因。而在秦代以前，祭祀灶神就已经成为了国家重大祭祀典礼的"七祀"之一。到了汉代，祭灶又被列为大夫"五祀"之一，并且灶神也被人格化，并被赋予新的功能。《太平御览》卷一八六引《淮南万毕术》就说："灶神晦日归天，白人罪。"郑玄

灶神是中国古代神话传说中的掌管饮食之神

注《礼记·记法》也说:"(灶神)居人间,司察小过,作谴告者也。"这说明,至少在汉代,灶神已经成为督察人间过错,专向天帝打小报告,说人坏话的神了。灶神的存在,成为人们做善事、不做恶事的一大监督性的保障,具有积极的意义。

由于灶神专门打小报告,所以作为专门督察人间过错的神,他在民间备受敬畏和尊崇。

《太上感应篇》和《太上宝筏图说》中记录的一系列关于灶神的传说,大多具有奖惩性质。这些传说的目的无非是告诫老百姓不要违反灶神的禁忌,尊敬灶神会得到很多的好处,否则就会受到严厉的惩罚。例如记载有个人多行善事、广积阴

锅灶

德，灶神将他的善行向天神汇报，结果老两口晚年幸福、健康长寿，家中更是有两人科举及第，跻身官场。从以上的记载中我们可以看出当时《太上感应篇》中所记载的关于灶神的传说在民间的影响是十分大的。

祭灶有着广泛的社会影响，祭祀灶神成为重要的民间习俗。

（二）门神概说

门神，在民间信仰观念中，是保护家宅平安的吉祥保护神。门，历来与人们的住、行等日常生活有着密切的关系。"门"是家宅与外界之间通路的界分，"门"的设置，可以起到控制内外交通，实现外防内守，保障内部空间的安全的作用。几乎从事任何社会活动，"门"均为必经之地。"门"的存在对于传播信息和认识世界具有极大的意义，很早就受到重视。由于门得到重视，逐渐产生了门神崇拜。门神崇拜由古及今，历史悠久。门神是中国民间备受尊崇的神祇之一。今天，民间仍一直流行春节贴门神的风俗，用来祈福纳吉、祛邪辟恶。在某种意义上说，门神的存在及其享用世世代代礼祀，是中华文明史上最引人注目的社会文化现象之一。

随着社会的发展和人们思想观念的变

祭拜灶神已成为重要的民俗活动

化，民间对于门神的要求，已不仅是辟邪免灾，还希望从他们那里获得功名利禄等。至迟在明代，武士门神像上，已常添画"爵、鹿、蝠、喜、宝、马、瓶、鞍、皆取美名，以迎祥祉"。以后便取消了门神的祛邪义务，专事祈福。于是民间形成天官、状元、福禄寿星、和合、财神等为门神的风气。

（三）财神概说

财神，在中国人的心目中，是一个受到普遍欢迎的生财聚财的神仙。财，当然是指钱财、金钱。在世俗生活中，富裕发财是人们追求的一大目标，人们都向往着能过上好日子，金钱应有尽有，永远是一

财神像

个大富翁。尤其是商人，对财神更是崇敬有加。他们的店铺、门头里都供有财神的塑像，明灯蜡烛，照耀着精致的神龛，以祈求财神的保佑；新年最流行的祝福语就是"恭喜发财"，这一切都显示财神崇拜就是国人祈财纳福心理的反映。

"人为财死，鸟为食亡"，为了达到发财的目的，真可谓八仙过海，各显神通。"天下熙熙，皆为利来，天下攘攘，皆为利往"，"有了千田想万田，得了银山想金山"，是俗人的做法；"君子爱财，取之有道"是雅士的原则。但这些说法都从某个方面反映出了几千年来人们对钱财的

手持香烛，分别到东南西北中五方财神堂接财神

狂热崇拜和追求。可以说，人人都希望自己富裕，以至于兴起了一种财富文化，这种文化的核心就是"财神"。将财神供在庙里，将财神像请入家中，正是人们求财思想的体现。各路财神承载着人们招财进宝、日进斗金的美好祈盼，寄托着人们合家富贵，人财两旺的心愿……对于财神，商人信之最笃，而对于财神的创造，他们的贡献也最大。由商人开始拜财神波及到社会各个层面，正如一副财神庙上的楹联所写："蕴玉藏珠，善贾固皆蒙乐利；心耕笔织，寒儒亦可荐馨香。"

　　民间财神信仰与拜财神的一个最大的

特点就是：财神并非只是一个"人"，而是一群"人"。也就是说，财神是一个群体，是一个来源极不相同的各种神的集合。这种现象是极为有趣的，充分证明了财神不是某一类"财阀"或商人一家的"宠物"，而是不同阶层与不同地域的人所共同信奉的神。

月财神赵公明是正财神。日春神和月财神称为"春福"二字。日月二神过年时常被贴在门上。相传月财神姓赵名公明，又称赵公元帅、赵玄坛。在《真诰》中赵公明为五方诸神之一，即阴间之神。但唐宋及其以前诸书如干宝《搜神记》和《真诰》

《太上洞渊神咒经》等，皆以其为五瘟之一。直至元代成书，明代略有增纂的《道藏·搜神记》和《三教搜神大全》始称之为财神。《三教搜神大全》卷三云："赵元帅，姓赵讳公明，钟（终）南山人也。自秦时避世山中，精修至道。"后在道教神话中成为张陵修炼仙丹的守护神，玉皇授以正一玄坛元帅之称，并成为执掌赏罚诉讼、保病禳灾之神。买卖求财，使之宜利。故被民间视为财神。其像黑面浓须，头戴铁冠，手执铁鞭，身跨黑虎，故又称黑虎玄坛，是中国民间供奉的招财进宅之神。

手执钢鞭，身骑黑虎，极其威武的月财神

"黑虎玄坛"财神像

月财神下面分为辅佐财帛星君和辅佑范蠡，范蠡为文财神。

财神的起源颇难考证，所祭祀的神明也因时因地而有所不同。财神，一般认为有所谓"正财神"赵公明，"文财神"范蠡，"武财神"关羽，"偏财神"五路神、利市仙官，"准财神"刘海蟾。这些财神，又可分为文财神和武财神两大类，最为人们熟知的财神，则是"正财神"赵公明。

二 三神的流变

（一）灶神的流变

灶神崇拜在我国有着悠久的历史，形成了灿烂的文化。古代中国老百姓对灶神的崇拜和对土地、井、门户、道路的崇拜是具有相似性的。追根溯源，最早的灶神炎帝、黄帝和祝融是由火神、光明神演变而来的。宋代王茂《野客丛书》卷二十引《淮南子》曰："炎帝主于火，死而为灶神。事始曰灶，黄帝所置。《古史考》亦曰：'黄帝始造釜甑，火食之道就矣。'"东汉应劭著《风俗通义·祀典》引《周礼说》："颛顼氏有子曰黎，为祝融，祀以为灶神。"炎帝和祝融就是中国古代神话传说中的火

民间祭拜灶神的活动

神。炎帝之"炎"的意思是火焰上升。至于祝融，名重黎，高阳氏颛顼之后，是司火之官，以光明四海而被称作祝融，后世祀之为火神。现在有的人还称火灾为"祝融之灾"，就是这个原因。关于黄帝，除了上述引文，明代冯应京撰写的《六家诗名物疏》第四十一卷亦引《淮南子》言："黄帝作灶，死为灶神。"黄帝之"黄"，《释名·释采帛》说："黄，晃也。犹晃晃象日光色也。"可见，黄帝原本是光明之神。自然崇拜是灶神崇拜的最基础、最根本的根源，这种根源与当时落后的社会生产力以及人们较窄的视野有着密切的联系。

灶神的形象在不同的典籍之中记载各异。秦汉的典籍中，灶神的形象多为先炊老妇。宋卫湜之《礼记集说》卷四十一："孔氏曰：'案少牢及特牲礼，皆灶在庙门外之东西面北上。'郑注：……此配灶神而祭者，是先炊之人。《礼器》云：'灶者是老妇之祭'。"灶神是先炊老妇的说法也见诸《仪礼·特牲馈食礼》《五礼通考》等古书。汉郑玄撰《驳五经异义·灶神》驳斥灶神为火正之陈见："古《周礼说》，颛顼氏有子曰黎，为祝融火正，祝融为灶，姓苏名吉利，妇姓王名搏颊。谨按《月令》，孟夏之月其祀灶，

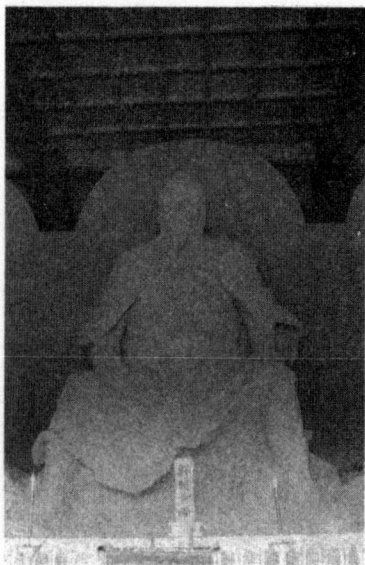

轩辕黄帝像

五祀之神，王者所祭，非老妇也，同《周礼》。驳曰：祝融乃古火官之长，犹后稷为尧司马，其尊如是，王者祭之，但就灶陉，一何陋也！祝融乃是五祀之神，祀于四郊；而祭火神于灶陉，于礼乖也。"可见，郑玄认为祭祀火神祝融于礼不合，灶神当为老妇。不过郑玄的思想后来似乎有所变化，他在《驳五经异义补遗·灶》中说"灶神祝融是老妇"。认为灶神实为女性，这是国内外不少民族共有的现象。我国鄂温克族就认为灶神是位老婆婆；赫哲人敬称灶神为"佛架妈妈"；满族则认为灶神是一位穿红袍的老妪。

灶公灶母像

在西伯利亚各民族中，司灶的神灵大多为女性，如吉利亚克人的火婆婆，纳乃人、阿尔泰人的火妈妈，埃文克人的火外婆婆等。这种情况的出现，有着其特定的历史原因，可能与妇女的居家生活职能有着密切关系，是广大人民美好的期盼和憧憬。

值得关注的是，种火老母是道教经典中的灶神形象。这种形象出现的时间是在东汉以后。下面我们来看一下道教经典的相关记载。《太上灵宝补谢灶王经》宣称："昔登昆仑之山，有一老母独处其中……惟此老母，是名种火之母，能上通天界，下统五行，达于神明，观夫二炁，在天则为天帝，在人间乃为司命。又为北斗七元使者，主人寿命长短，富贵贫贱，掌人职禄。又为五帝灶君，管人住宅，十二时辰，普知人间之事，每月朔日记人造诸善恶及其功德，录其轻重，夜半奏上天曹，定其簿书，悉是此母也。凡人家灶皆有禁忌，若不忌之，此母能致祸殃，弗可免也。"这是说昆仑山上的种火老母神通广大，在人家中则为司命灶君，监察人间善恶，记录并禀告天曹，决定凡人寿夭。由以上记载可以看出，种火老母这个神灵形象有着特定的原型，她似乎是将火神信仰与先炊信仰糅合起来的产物，并且职能也发

烹调须在灶上操作，所以祭祀表现为祭灶

祭社

生了相应的变化，肩负司火、司饮食，督察每家每户之善恶祸福的双重职责。

除上述灶神形象之外，还有其他的灶神形象。古籍中还记载有许多其他不同名号的灶神。唐代段成式《酉阳杂俎》说："灶神名隗，状如美女。又姓张名单，字子郭，夫人字卿忌，有六女，皆名察（一作祭）洽……一曰灶神名壤子。"明代徐应秋《玉芝堂谈会》卷十三则说："灶神苏吉利，妻王氏，名搏颊。"明末清初方以智《通雅》卷二十一《姓名》"郭禅灶神"条则说："灶神名禅，字子郭，不言姓郭……元瑞云：灶神姓张名单，字子郭，夫人字卿忌。一曰灶神名壤子。广济历曰伏龙。《庄子》灶有髻。"从这些引文中，我们可以发现古书谈到的灶神另有张单、张禅、苏吉利；又有姓氏不详，名隗、壤子者；还有伏龙之称法以及有发髻之形象者。在其中，如果我们细心查看，就能发现如下问题，即张单、张禅，同姓同字，由此我们猜测这可能是同一个人物，原因是"单""禅"因为字形相近而讹误相传至今。据考证，现在民间灶台上供奉的灶王爷大多是张单。

中华文明五千年，我国自古流传着多

在古老的传说中，灶神的流变各不相同

种多样的美丽传说。至于民间传说中的灶神形象就更多了：有负心张郎变为灶王，负心李郎变灶王，火之精宋无忌变为灶王，穷鬼懒汉张氏、姚瞎子、鸦片烟鬼变成灶王等种种故事。不一而足，我们就不加列举。灶神之由来从火神、光明神渐渐演化为种火老母，再到各种形象，其职责也发生了相应的变化：由掌管饮食到掌管人间的吉凶祸福。这些变化反映出灶神崇拜的自然属性逐渐减弱，社会属性逐渐增强；灶神形象的多元变化也反映出信仰者宗教观念趋于多元。我们认为，这些变化是时代变迁、地域差异等因素综合作用造成的

泥塑灶王爷

钟馗门神像

结果，是生产力不断发展的结果，也是勤劳勇敢、富于智慧的中国人民的美好想法和民间信仰。

（二）门神的流变

门神崇拜的起源可以追溯到人类远古时期的神灵信仰观念与自然崇拜观念。在原始社会，人们最初没有房屋可以居住，为达到遮蔽风雨与逃避敌害的目的，据说，当时有些部族"构木为巢"，也就是在树上搭个"窝"，栖于树上，被称为"有巢氏"。而有些部族则"穴居而野处"，住在天然洞穴里。后者已为考古学所证实，北京周口店的北京猿人和山顶洞人就是明

周朝时期就开始有了祭门的风俗

证，这是最原始门神崇拜的根源。

社会是发展变化的，历史是向前发展的。随着社会的进步和生产力的提高，人们渐渐学会了建造房屋的技术。自此以后，私有制的产生使人们由群居生活发展为独自生活。从此，房屋与人类结下了不解之缘。房屋可以防止野兽和敌人的侵害，这在当时低下的生产力水平下显得尤为重要。房屋还可以遮风蔽雨、存放食物和财产，使人们得以安居乐业。正由于房屋的巨大作用，人们十分感激房屋和门窗的创造者——神，也就是门户造物主。早在周

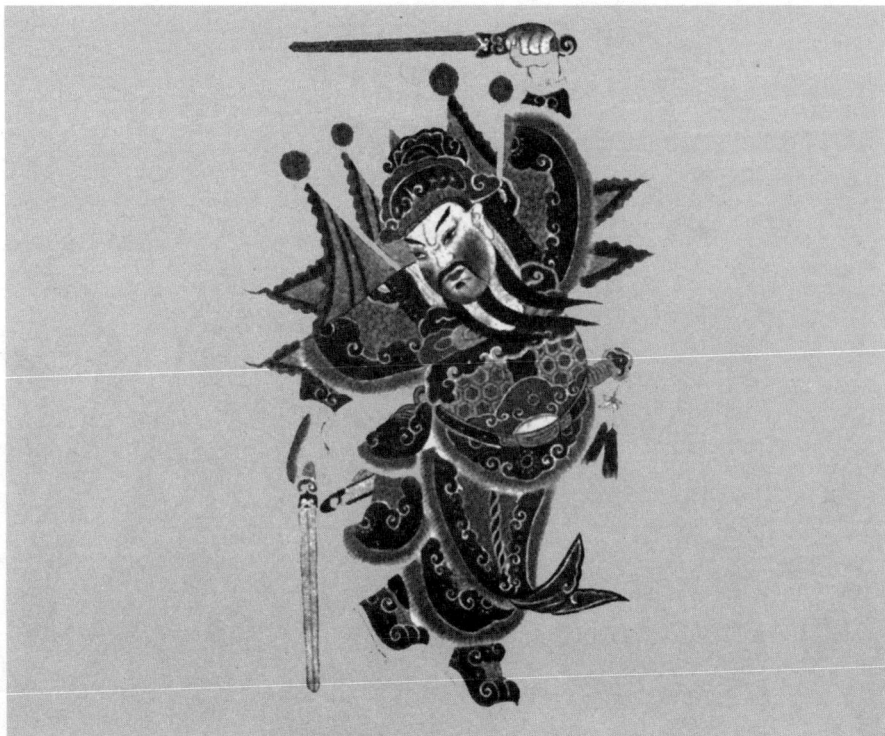

朝，我国就有了祭门的风俗，这用意其实与祭灶具有相似性。从此，由最早的祭门的风俗逐渐演变发展成为门神崇拜。

我国古代典籍对祭门有着详尽的记载。据《礼记·祭法》载，大夫立二祀，适士（即上士）二祀，庶人（即老百姓）只一祀，其中都包括祀门。古代祀典中有五祀之说，所谓"五祀"，即祭祀门、户、井、灶、中雷（土地）等五神。周朝的时候，"五祀"是周天子及各诸侯的祭祀大典，非常隆重。"祀门"是在九月举行。秋季九月，正是收获的黄金时节，百官无

三神的流变
025

论职位高低，都要参加这一活动，"以会天地之藏"。忙了一年，准备收藏过冬了，五谷六畜安顿好以后，当然要"请"个门神来守护，否则，一年的血汗岂不白费了？老百姓祀门，当然比不上君王诸侯的排场，但也非常恭敬虔诚。五祀所祀的神仙，都是围绕着人们生活起居的神祇。探其根源，是与原始自然崇拜有关。原始崇拜认为，凡是与人们日常生活有关的事务，都有神的存在。五祀所祀之门神、户神、灶神、井神、土地神，其实都与人们的衣食住行

门神是道教和民间共同信仰的守卫门户的神灵

密切相关，所以人们要祀之以报德，这是门神观念的最早来源。五祀所祀神祇，如门神、灶神、土地神等，源远流长，经久不衰，成为我国民间最有群众基础、最有代表性的流行神。可见，门神是中国土生土长的神明，在我国民间具有极大的认同感，有着十分广泛的群众基础。

门神的产生不仅与原始自然崇拜有关，还与古人的鬼魂崇拜有关。在远古的时候，由于人们对大自然无法认知，因此鬼魂观念非常盛行。殷商人和周朝人都崇尚鬼魂，每当看到风、雨、雷、电等自然

民间对门神具有极大的认同感

门神的产生与原始的自然崇拜有关

现象，都会认为是鬼神所为；有时虫蛇猛兽的突然闯入，也被认为是鬼神所遣。古人将一切怪事与坏事都当成是鬼神作祟，对此畏惧有加。房屋给人们的生活提供了很大的方便。门的出现和使用，一为自身出入方便，二为防范敌害闯入。但是古人对此还觉得不大牢靠，缺乏安全感，那些神通广大、无孔不入的鬼怪来了怎么办呢？要是有个什么能降鬼伏妖的神明，来替自家站岗守卫，该有多好！这就是古人心理上的依赖性。在靠天吃饭的时代，处于无权的地位之上，种种天灾人祸，总是不断出现在老百姓头上。这些弱势群体要求有

三神的流变
029

门神给人们带来精神上的寄托

位保护神，靠他驱鬼镇邪，保护自己的性命和家财。基于此，人们必须造出一个神来，于是"门神"便应运而生了。《白毛女》中喜儿所唱："门神门神骑红马，贴在门上守住家；门神门神扛大刀，大鬼小鬼进不来。"正是这种心理的真实写照。门神帮助人们把对鬼魂的恐惧降低到最低限度，客观上有利于人们的正常生活，有助于培养人们追求美好生活的信心。

（三）财神的流变

财神产生的年代目前还只能追溯到宋

代，宋朝是我国城乡封建经济发生重大变革的时代，尽管内忧外患不断，但民间工商经济日益成熟并空前繁荣，出现了近代意义上的市民阶层。民间工商业经济虽然从文明发轫之初就已经萌生，但到宋代却发展到了一个临界点，于是新的生活方式与古老的传统信仰之间开始产生裂痕并且难于实现二者之间的整合。也就是说，当古老的诸神无法为近代的生活方式提供价值依据时，一些新的神便会被创造出来，这中间就有财神。所以财神的出现不止是表达了民间的俗世发财欲望，而是要为新的追求财富的极端方

武财神关羽像

式提供一种精神上的保护，从而通过以财神为中介的价值整合，将民营的经济行为纳入传统的诸神信仰系统之中，使之具有普遍的合法性基础。

人们通常认为对财神信仰最笃、祭拜最勤的是商人，这是事实。但我们同时也必须注意到最初参与创造财神的并非仅仅是商人，而是包括了不同地方、不同行业、不同阶层的各色人等。在财神身上寄托了他们既相同又相异的愿望与要求，而这正是财神群体形式出现的根本原因。因为有相异的要求，才会有

财神像

不同的财神偶像；因为有相同的愿望，才会有统一的财神称号。

神的再生、世界的再度创造也是以恢复人与人之间的交往活动为主要标志的。交往是人类社会赖以存在、发展的首要条件，当然也是一切社会财富得以创造的前提。民间以交往手段，特别是最明显的交往手段——道路作为财富的象征符号，隐喻式地揭示了财富的社会本质。也正是由于中国民间认为财富所体现的主要是人与人之间的交往关系，因此人们在选择财神时，才格外注意财神的道德承担，民间认

财神到

为只有和谐的人际关系才是一切财富的终极源泉。

由此可见，中国民间信仰的财神从根本上说，是人际关系的道德楷模，财神本人是否具有聚敛财富的能力倒不是民间选择财神的主要着眼点，这就是为什么中国的财神往往与钱财无关的缘故，即便如陶朱公致富有术也必须首先对财富有大彻大悟般的智慧，而非一般的守财奴。

在中国特色的宗教——道教的诸神系统中，很多神本身就带有人间的特征，神与人没有绝对的隔阂，保留着极浓厚的价值理性的色彩。而在以政治为本位

的文化环境中，中国本土产生的经济伦理必将自身的价值本源拱手让渡于官吏化的偶像，财神像"久为宰官身"正是这一特色的生动写照。如果说财神信仰利用传统的信仰形式服务于新的生活方式，为民营化提供了价值依据、道德保护及精神动力，从这点上说它具有些许进步意义的话，那么，以政治、官府作为价值本源的心理背景却最终无法确立经济伦理尺度的绝对性，而没有这种绝对性，经济伦理也就难以最终获得人们的普遍承认。

对富足生活的心理期待，使民众创造了财神；反过来，通过对财神崇拜的民俗活动，又进一步满足了人们追求利益的心理需求。细看财神的构成，其实民众不太关心财神的源流背景，民众的基本准则是：只要有这么一个神，能让他们完成顶礼膜拜的民俗过程，能满足他们对利益追求的精神指向，这就够了。从这个角度说，财神只是一个符号，一个代表生活富足、吉祥幸福的符号。

从现实功利上看，"财"与"商"有着更为直接的关系，所以有学者认为，财神崇拜最初源于商人，后来扩及到普通民众，也不无道理。而在传统社会背景下，

武财神赵公明

又多有"商人重利轻别离""无商不奸"的文化认知。在复杂的经济交往活动中，代表公正的赵公元帅、智慧的文昌帝君、忠义的关圣大帝，成为商家所推崇的道德楷模也便是情理中事了。而忠义、智慧、公正等又何尝不是社会交往所崇尚的基本品质呢？

在当今市场经济的大背景下，对经济利益的追求仍然是一个不二法则，所以崇信财神者仍大有人在。但随着社会的发展、科学的进步，人们的鬼神观念日趋淡薄，迷信成分越来越少，财神信仰更多衍化成的只是一种符号意义，表达了人们对"公

有越来越多的人把关公作为全能保护神、行业神和财神

财源广进财神像

正、忠义、智慧"等优秀道德品质的渴望和追求幸福生活的美好愿望。

文武财神的出现是社会发展的必然产物，也是人的心理发展的必然产物。官场竞争要有文财神做后盾，商场竞争要以武财神做靠山。似乎有了文武财神、读书人才更有底蕴，商人才更有勇气，于是财神在人们心中扎下了根。谁最虔诚，谁就能得到财神的福佑。成功者自然在心里感谢神的福佑，失意者只能在心中自责忏悔，总以为殷勤未至。这是近二千年来财神信仰经久不衰的原因。

三 丰富多彩的相关活动及意义

火神

（一）讨好灶王爷

灶神除了掌管饮食，赐予生活上的便利以外，还是玉皇大帝派遣到人间考察一家善恶之职的官。灶神左右随侍两神，一个捧着恶罐，一个捧着善罐，随时将一家人的行为记录保存在罐子里，年终总结之后向玉皇大帝报告。早在春秋时期就广为流传着这样一句俗谚："与其媚于奥，宁媚于灶。"孔子在向他的弟子解释人们"媚于灶"的原因时指出："不然，获罪于天，无所祷也。"就是说，如果不讨好灶神，他就会向上天告你的恶状。由于人与天帝无法直接进行对话与沟通，所以，灶神的话天帝全部相信和采纳，凡人"无所祷也"。灶神向天帝打什么样的小报告，天帝就会给定下什么样的惩罚。葛洪《抱朴子·微旨》说："月晦之夜，灶神亦上天白人罪状。大者夺纪。纪者，三百日也。小者夺算。算者，一百日也。"这就是说，谁要是得罪了灶神，被他打了小报告，严重的要少活三百天，轻微的也要少活一百天。试想，让谁丢掉几百日的寿命，谁都会十分恐惧。也正是由于这个原因，灶神才真正深入到人们的心灵，使人们对之畏惧有加，也就崇拜有加。

描述腊月三十迎灶神的古代绘画

人们想要祈福免灾，就必须多做善事，对灶王爷恭恭敬敬，不能用灶火烧香，不能敲击炉灶，不能把刀斧之类锐利器物放在炉灶上；更不可以在炉灶前说怪话、发牢骚、哭泣、呼唤、唱歌，也不能把脏东西放进炉灶里面焚毁等，名目繁多。腊月二十三或二十四日是灶神离开人间，上天向玉皇大帝禀报每一家人这一年来所作所为的日子，所以家家户户都要送灶神，叫做"谢灶"。谢灶的时间按阶层划分，关于何时谢灶，民间有所谓官三、民四、邓家五的规定，官指官绅权贵，习惯于腊月二十三谢灶。民指一般平民百姓，会在腊

贴门神像表达了人们对平安、幸福的向往与追求

月二十四谢灶，邓家即指水上人，会在腊月二十五举行。但是民间百姓大部分会选择腊月二十三来谢灶，以希望有贵气，取其彩头。此时人们要为灶王爷摆上供品，供上好吃的好喝的。供品一般都用一些又甜又黏的东西，比如说汤圆、糖瓜、猪血糕等，用这些又黏又甜的东西的原因是要塞住灶神的嘴巴，让他上天时多说好话，所谓"吃甜甜，说好话"，"好话传上天，坏话丢一边"。诸多供品中，最必不可少的东西是酒和麦芽糖。酒是为了让灶王爷喝得忘乎所以，晕头转向，无法多说话。也有人用酒糟去涂灶神，这被称为"醉司

灶粮

命",意思是要把灶神弄醉,让他头脑不清、醉眼昏花,以便少打几个小报告。而麦芽糖又甜又粘,把它糊在灶神的嘴上,一来灶神嘴吃甜了,就不好再恶言恶语,只能说好话;二来麦芽糖粘住嘴巴,想说坏话也张不开口,只能说个含含糊糊。老百姓认为,灶神也和人一样"拿了人家的手短,吃了人家的嘴软",确实很有意思。宋代范成大《祭灶诗》即云:"古传腊月二十四,灶君朝天欲言事,云车风马小留连,家有杯盘丰典祀。猪头烂熟双鱼鲜,豆沙甘松粉饵圆。男儿酌献女儿避,酹酒烧钱灶君喜。婢子斗争君莫闻,猪犬触秽

唐宋时期祭灶的供品相当丰富

君莫嗔，送君醉饱登天门，勺长勺短勿复云，乞取利市归来分。"我们可以看出，这哪里是祭灶，分明是向灶神讨好、送礼行贿，因此，祭灶神象征着祈求降福免灾的意思。在祭灶神之时，摆齐供品，焚香祭拜，接着第一次进酒，此时要向灶君诚心祷告，完毕后再进行第二次进酒，进第

三次酒之后，将旧有的灶君像撕下，连同甲马及财帛一起焚烧，代表送灶君上天，仪式便顺利完成。而焚烧一个篾扎纸糊的马，是作为灶神上天的坐骑，还要准备一点黄豆和干草，作为灶神和马长途跋涉所需的干粮、草料。此外还要焚香、叩首，并在灶坑里抓几把稻草灰，平撒在灶前地面上，并喃喃叮咛"上天言好事，下界降吉祥"之类的话，目的是祈祷灶王向玉皇大帝奏报这家一年来的种种善事，不要讲坏话。送走神明后，可别忘了正月初四（一说除夕夜）把众神接回来，也就是我们通常所说的接灶或接神。接灶神的仪式很简单，只要在灶台上重新贴一张新的神像即可。

祭灶

古时祭灶不分身份的贵贱高低，上至皇帝、大臣，下至平民百姓，对灶神都是毕恭毕敬。据有关资料记载：每年腊月二十三，清朝皇帝例行在坤宁宫大祭灶神，同时安设天、地神位，皇帝在神位前行九拜礼，以迎新年福禧。祭灶这天，坤宁宫设供案，安放神牌，神牌前安放香烛供品，殿廷中设燎炉、拜褥。像民间一样，在灶君临升天汇报人间善恶前，要用黏糖封住他的嘴，以防他在玉帝面前讲坏话。祭灶时，宫殿监奏请皇帝到坤宁宫佛像、神像、灶君前拈香行礼。

丰富多彩的相关活动及意义

灶神像

礼毕，宫殿监再奏请皇后依次向灶君等神位行礼。由此可见，皇室祭祀灶神的仪式是相当隆重而庄严的，灶神也得到统治者的重视。

广大人民对灶神的崇拜，从早期的祈求降福，到后来的谨慎避祸，曲折地反映了古代人们对自己命运的不确定，只能把自己的各种吉凶祸福托之于神，而灶神面前不许有怨言、说怪话、发牢骚的种种禁

门神画

忌，则被统治者加以利用，成为束缚百姓思想的一种精神统治工具。现在，随着人们生活越来越现代化，祭灶的风俗也被渐渐淡化，正在慢慢远离人们的生活。这虽然是历史发展的一个趋势，但我们也应当注重保留和传承中华民族的灿烂文明。

（二）门神崇拜具有特殊的审美意义

门神崇拜起源于人类远古时期的自然崇拜和神灵信仰观念，是人类对世界的认知受到低下的生产力水平限制的产物。门神崇拜在先秦时期达到高峰，自汉代起逐渐衰微；随着生产力的发展，人们的需求层次更高，需求内容更复杂，审美情趣也进一步提升，带来了门神形象的进一步丰富，晚世门神崇拜与其说是信仰，毋宁说是更注重装饰意味的习俗。门神崇拜的目的由最初的消极辟邪逐步演变为后期的以积极祈福为主，具有强烈的生命功利色彩，折射出中华民族以人为本、生生不息的民族精神和向往、追求美好生活的淳朴敦厚的民族情感。

门神从图腾崇拜的源头到祛邪避鬼的神荼、郁垒及秦尉模式贯穿了整个中

门神崇拜在先秦时期达到了高峰

门神神话贯穿了中华文明的整个发展历史

华文明的发展历史。在各个历史时期都具有顽强的生命力，一直传承到现在，成为我国博大精深的传统文化的一个组成部分。

门神的美术形式传承年代久远，展示

门神像

范围广，在辽阔的中华大地上，从古到今，从宫廷到民居，年年更换，其规模之大，数量之多是极少见的。给人们提供了无限的艺术观赏空间，对人们的文化影响及美学意义是其他的美术形式所无法达到的。

门神这一美术形式的顽强生命力与人们的崇拜、信仰及社会活动有着密切的关系。人们在进行崇拜信仰的心灵活动过程中，接受了门神这一艺术形式，或者说是通过门神来完成崇拜信仰活动。门神融入了信仰的内容之中，使门神具有

门神的美术形式传承年代久远

了灵魂和生命。我们在鉴赏、评论美术作品时，经常涉及作品的生命、灵魂等相关的词语。这与门神的现象一定有着深层、内核的关联。

门神贯通了整个中华历史的发展时期，直到现在仍充满着艺术生命，它既体现着各个历史时期的一定的文化内涵，也传递着各个时期的文化现象及人们的信仰观念，同时还包容着一定的文化和社会意识及审美观念。

门神传承着各个时代的文化现象，不断丰富了它的意义，一直传承过来，使它

丰富多彩的相关活动及意义

成为具有深厚文化内涵的载体。人们曾称傩戏面具是戏剧的活化石，那么门神则可称为更早、更原始的美术及信仰崇拜的"活化石"。

很多博物馆、美术馆及有关收藏家将各时代的门神作为艺术珍品加以收藏研究，有些艺术家以门神为题材研究创作。还有很多文化艺术门类的创意设计也从门神这一古老的艺术中汲取营养及精髓，丰富和发展了当今的文化艺术，使门神这一悠久的艺术形式得以更好的传承和发展。

（三）送财神、迎财神和祭财神

在四川，送财神又称"装财神"。春节期间，有好事者三五人，装扮成"文财神""武财神"，敲锣打鼓进入各家中，拜年庆贺。文财神文官打扮，说吉利话，以讨主人喜欢；武财神武官打扮，脸涂黑色，高举神鞭，作骑虎状，不说不唱。临走，主人须给钱币酬谢，并赐酒，扮财神者须一饮而尽方可离去。此俗后演化为以红纸画财神像代替，对送像者也要送喜钱酬谢。

迎财神是除夕之夜的一项重要的民俗活动。除夕之夜，全家人要围坐在一起吃饺子（饺子象征财神爷给的元宝），吃罢饺子彻夜不眠，等待着接财神。"财神"

除夕之夜有一项重要的民俗活动，那就是迎财神

除夕之夜的饺子象征财
神爷给的元宝

其实是印制粗糙的财神像，此财神像用红纸印刷而成，中间为线描的神像，两旁写着"添丁进财""祈求平安"的吉祥话。"送财神"的是一些贫寒子弟或街头小贩，他们低价买来财神像，穿街走巷，挨门挨户叫卖："送财神来喽！"户主绝不能说"不要"，而要客气地说："劳您驾，快接进来。"几个铜子就可买一张，即使再穷也得赏个黏豆包，换回一张。一个除夕夜，有时能接到十几张"财神"，这是为了讨个"财神到家，越过越发"的彩头。这种习俗在

财神爷像

民间一些地区仍在延续。春节期间一些乞丐到村里挨家挨户乞讨钱财，主人施舍给他们钱财后，他们就在主人家门口的墙上贴上一张财神像。据记述，旧时苏北张家港周围有贴财神的习俗，他们用黄纸刻上财神图案，去人家门上张贴，贴时口中念念有词，其词曰："财神贴得高，主家又蒸馒头来又蒸糕；财神贴得低，主家开年好福气；财神贴得勿高勿低，主人家里钱铺地。"主人则答曰："靠富。"

在上海，称"接财神"为"抢路头"。

正月初四子夜，各家各户备好祭牲、糕果、香烛等物，并鸣锣击鼓焚香礼拜，虔诚恭迎财神。初五日俗传是财神诞辰，为争利市，故先于初四接之，名曰"抢路头"。

不只商家、俗家迎请财神，梨园界也兴迎财神之俗。在东北，农历除夕，戏班班主扮成财神，男女主要演员盛装随后，其后是吹打乐队，再后是全班人马，至除夕子时，全班迎财神队伍从剧院正门出发，按每年财神所在方向行进，不见到活物不能返回。遇到猪最高兴，认为"肥猪拱门，金银满囤"，遇到兔子最晦气，认为"兔

焚香礼拜迎财神

肥猪拱门，金银满囤

子擅蹦，金溜银空”。见到活物后全班跪地磕头，然后吹打而归。

除了迎财神之外，祭祀财神也是必不可少的。每到春节，全国各地均祭祀财神，祭祀方法各异。北方地区春节时，家家请回财神，供奉财神像，焚香上供品。正月初二清晨祭焚财神像。祭祀时边行礼边诵祝词："香红灯明，尊神驾临，体察苦难，赐富百姓。穷魔远离，财运亨通，日积月累，金满门庭。"清代俗曲则云："新正

财神像

到了初五凌晨，人们抢先打开大门
向财神表示欢迎

初二，大祭财神，点上香烛把酒斟，供上了公鸡猪头活鲤鱼，一家老幼行礼毕，鞭炮一响惊天地。"祭祀场面非常隆重。祭祀时，主人点燃香烛，众人顶礼膜拜。人人满怀发财的愿望，祈愿在新的一年里大发大富。在全国各地，都有祭祀财神的现象，财神在人们心目中的地位之高，由此可见一斑。

青海河湟地区大都在正月初一举行祭财神之礼。面对各自的财神神位，除一般燃烛、点灯、烧香、献盘供、献牺牲外，

节日期间迎财神

财神堂

加献铜钱、纸币、银元，特别用木刻印制的"龙凤钱马"，则为必备之品。祭祀时，有些地区行礼祷告，口诵"穷魔远离，财运亨通。日积月累，金满门庭"等偈子，祭祀场面非常隆重。

南方城乡商家，则多设财神堂，堂内供木雕或泥塑财神像一尊，一般在像背孔内悬一只"银菱"，意作财神之"心"。

蟾蜍成为招财的象征

也有用活的蟾蜍放入背孔（因为在民间传说中，蟾蜍是能吐金子的灵物），用牛皮纸封口。凡逢财神日或营业不佳时都要烧香礼拜，祈求保佑。除夕夜，在堂上吊元宝，张贴"一本万利""宝藏兴焉"等条幅。敬祭财神供品内容特别讲究，供品一般分为三桌：一桌为果品，有广橘，示生意广阔；再一桌为糕点，多用年糕，意为年年高，糕上插有冬青枝，意为松柏常青；第三桌为正席，有猪头、全鸡、全鸭、全鱼等等，有招财进宝、吉庆有余之意。

财神像

人们供奉的财神爷

五路进财财神像

在我国的陕西等地还行财神会之俗，每年正月初六的清晨，各商号的掌柜、伙计集合在一起，抬着祭品，拿着香烛、裱纸在郊外一事先选好的地方跪拜祭祀。返回时，每家店掌柜都要带回几块土供在财神像前，表示"招财进宝"。商人称这种祭祀为"出行"。

四　各种相关传说

灶台旁供奉的灶神爷

（一）灶神之"俗"

中华灶神形象在经历了原始宗教、道教的发生、发展以后，到唐宋以后，已从高高的宗教神坛上走了下来，演化成民间信仰中一位重要的"俗神"。

灶神的俗首先表现在灶神形象的"俗"：中华灶神形象，在多彩多姿的民间传说中主要有勤劳、善良、懒惰、贪婪、好吃、好色等类型。

吉林省四平市《灶王由来》一书中讲，姓张的书生勤奋好学，科考前，请兆先生卜卦，说能高中，后来果然应验。不久张先生当了知县，为了报答，请兆先生赴任。兆先生勤劳朴实，清正廉洁，但不久病故。为了纪念他，张先生将其画像供在灶前，希望先生能像生前样帮助他。显然这位灶神是正面形象，但是中华灶神更多的是好吃和懒惰等丑陋形象。

黑龙江《灶王爷传说》讲，有位贫穷的张大巴掌，请新到任的贪官吃喝。张大巴掌将母鸡杀了炖上，州官便带着下属、夫人、鸡犬等一同赴宴。张大巴掌让州官及下属进灶房，刚一进门，举起巴掌就打，老婆拦住说："他们活着爱吃老百姓的东西，死了就让他们站在锅台边，看老百姓吃东西吧！"张大巴掌

祭灶神

啪啪几下，把州官及其夫人、下属和鸡犬打贴在厨房灶上。

很有意思的是，灶神的形象大多成为人们调侃的对象。比如，有的灶神被说成好色鬼和灾星。厦门相传灶君乃玉皇大帝三子，好女色，故降在人间，以司灶火。凡女人举火，必向灶前就坐，他可以尽情地看。并且他常向玉皇打小报告，说尽人间的坏话。更有趣的是灶神在广东竟被说成是一位鸦片鬼变成的等等。灶神的勤劳、善良、懒惰、好吃、好色等多重性格，反映了中国普通老百姓的世界观、人生观。灶神身上丧失神灵的神圣色彩和庄严的光

灶公灶母像

民间灶台

招财蟾蜍

环的信息告诉我们，灶神已变成被民众嘲讽的对象了。由此，灶神在形象上已经成为一个地地道道的俗神。

祭祀灶神活动的"俗"，主要体现为以下内容。对灶神的祭祀，早在原始社会就已开始，经过几千年的发展，灶神从原始万能神、道教神灵，到民间俗神，其祭祀仪式越来越简单，到清代以后的近现代，已变得俗不可耐了。河南《祭灶君歌》曰："一碗凉水两根葱，送我灶爷上天宫。你爷对给他爷说，就说我家甚是穷。多带皇粮少带灾，再带财宝下界来。"清代潘荣陛《帝京岁时纪胜》载："二十三日更尽时，家家祀灶。祭品则羹汤、灶饭、饲神马以香糟、炒豆、水盂……祝以遏恶扬善之词。"这些记载表明，在清代以后的祭灶礼仪中，祭品全都为素食，同时以糖黏灶神之口，用酒将其灌醉，让灶神骑灶马快去快回等祭礼中的宗教象征含义，应出自于人们既讨好又害怕的双重心理。尤为特殊的是，灶神没有自己的庙宇，目前保留较好的北京崇文门外的灶君庙，所传承的故事，仍是对灶神揶揄嘲讽的。传说灶君庙中的灶君不仅不能保一方平安，反而相当穷困。灶君庙前有对铁狮子，庙内不仅没有任何供品，连灶君老爷的马也被狮子吃掉了。庙门终日不开，且庙里不久又住进了手艺人。诸如这类情况，在其他神灵身上绝对不会出现。人们对土地庙、观音庙都会施以丰厚的祭品，而灶君庙里人们不仅不奉以香火，连自己的庙宇也被别人占领，处于尴尬境地，也只好忍气吞声。由此足见灶神在老百姓心目中的地位。

灶神的俗还体现在职能的"俗"。在道教思想影响下的灶神，职能是向玉皇大帝通风报信和监督人们的行为。人们如果稍有不敬，灶神便凭自己的好恶上奏玉帝。同时他对天上众神毕恭毕敬，百般地去奉承迎合，因此有人戏称灶神为"驻家特务神"和"不受欢迎"的神，这一评价并不过分。针对灶神"驻家特务神"的特殊身份以及奏报所驻之家过失的特点，老百姓将灶神记录在墙上的文字，以"打扬尘"的方式抹掉，这些举措，暗示着民众对灶神所拥有权力的否定。

另外，还有相当重要的一点就是灶神的传说存在极大的调侃味道。灶神从宗教神殿走向民间以后，老百姓在创作其传说时，充满了幽默诙谐的意味。试举如下几例：灶神像是被人一巴掌打到墙上去的；他喜欢到玉皇大帝那里打小报告，于是人

灶神

灶神在民间的影响很大

们常常用麦芽糖将其嘴巴粘住；灶君又是"邀遏神"，是好色、贪财的神，是好吃懒做的神，是受玉帝责骂和处罚的神，是无家可归的游魂等等，幽默诙谐。正是由于灶君走向俗神化道路后，其信仰、传说传播之广，令人瞠目。灶神由至上神演变为民间的俗神，实质上是受道教中的灶神影响所致。道教中的灶神为小神，观察驻家功过、通风报信等特征，都是灶神成为民间俗神的重要因素。可以这样说，道教灶神是灶神演化为民间俗神的重要和必经阶段，灶神由此成为中华俗神的典型代表。

这里还有一个很有意思的小故事，虽然是后人杜撰的，但它反映了劳动人民的无尽智慧。相传朱元璋小的时候，家里很穷。一天，朱元璋的母亲正在做饭，突然有一只喜鹊闯进来，叫着说："朱家天下万万年！朱家天下万万年！"朱母生气了，说："什么万万年，不要开我们的玩笑。我看哪，有个二百七十六年就不错了。"朱母一边说，一边生气地用勺子敲打灶台，以赶走喜鹊。这时，被朱母敲得鼻青脸肿的灶神现身了。他无奈地对朱母说："朱老妈呀，老天爷让你们朱家天下万万年就是万万年了，你干吗还生气

朱元璋像

最早的门神是用桃木雕刻成的两个"桃人"

呀？现在好了，你说二百七十六年就只有二百七十六年了。"后来，明朝果然只存在了二百七十六年。

（二）门神之"多"

1."桃人"——两位捉鬼门神

古人对桃的崇拜由来已久。在原始部族社会时期，人们把采集的野生植物作为主要食物。桃是我国较早的野生果树，它那鲜艳甜美的果实，极得古人喜爱。大片的桃林，不仅成为一些部族的天然食品库，而且它那众多果实，也引起了人们的美好联想与尊崇。《诗经·桃夭》曰："桃之

天夭，灼灼其华"；"桃之夭夭，有蕡其
实"；"桃之夭夭，其叶蓁蓁"………对
桃极其赞美。桃在人的心目中逐渐成为灵
物，成为多子多福的象征。同时，古人还
将桃看做可除灾辟邪、制鬼驱怪的灵物，
称其为"神树""仙木"。《典术》云：
"桃者，五木之精也，故压伏邪气者也。"
这里所说的挂在门上的"桃人"，其实是
两位神将的化身，一曰神荼，一曰郁垒。
有关二神的来历，很多古籍都谈过，源远
流长，流传至今。

　　二神的来历可以追溯到远古时的黄帝
时代。据传说远在黄帝的时候，黄帝不
但管理着人间，也统治着鬼国。对那些

门神传承了各个时代的
文化现象

不同时期的门神形象各不相同

游荡在人间的群鬼，黄帝派了两员神将统领着，即神荼和郁垒。神荼和郁垒住在东海的桃都山上，山上有一株巨大桃树，树干枝杈盘曲伸展达三千里。树顶上站着一只金鸡（又称天鸡），每当太阳初升，第一缕阳光照到它身上时，金鸡即啼叫起来。接着，天下所有的公鸡一起跟着叫了起来。这时，在大桃树东北树枝间的一座"鬼门"两旁，神荼、郁垒一左一右威风凛凛地把守着。他俩监视着那些刚从人间游荡回来的、各式各样的大鬼小鬼。民间传说，鬼只能在晚上活动，天亮之前，不等鸡叫就得跑回鬼国。二位神将要是在鬼群里发现在人间祸害人的恶鬼，没说的，马上用苇索捆绑起来，扔到山后喂老虎。因此，神荼、郁垒、金鸡和老虎这四样是鬼最恐惧的，可以说，神荼、郁垒是最早的门神。

由于神荼、郁垒二神对恶鬼的震慑作用，人们便用桃木雕刻成神荼、郁垒二神模样，春节时挂在门上，请二位把守家门，使恶鬼惧而远之，保护全家一年平安。但雕桃人比较麻烦，以后人们简化为用桃板一左一右钉在门上，上面画二神的图像，还有的干脆写上他俩的大名或画些符咒之类。此即桃符，为后世对联（楹联）之滥觞。

由于神荼、郁垒的不凡本领和身份，确定了其门神的地位。由于必须具备镇慑众鬼的威慑力，这就决定了二位的尊容无比凶恶狰狞——其实也是一副鬼模样。最初的神荼、郁垒图像已不易见，今所见汉代画像砖及《三教源流搜神大全》中的二神图像，皆十分凶恶可怕。这其实是人们想象出来的，足以镇住鬼怪的"神姿"。这反映出人们对鬼神的敬畏以及当时劳动人民的聪明才智。神荼、郁垒、金鸡和老虎这四样是鬼最恐惧的，因而当时门神除画神荼、郁垒外，还有画金鸡和老虎的。鸡是司晨之灵，惯于夜间活动的众鬼畏惧之。

贴门神表达的是对平安、幸福的向往与追求

钟馗像

故"帖画鸡户上"而使"百鬼畏之"。这与当时杀鸡挂于门上驱鬼的习俗相一致："砍鸡于户""插桃其旁""而鬼畏之"。不仅民间，皇宫中也有宫门挂桃人和"磔鸡于宫及百寺门，以禳恶气"的习俗。至于老虎，因其为百兽之王，"能执搏挫锐，噬食鬼魅"，所以"画虎于门，鬼不敢入"。远在战国时代，就有门上画虎的记载。周王宫中有座"路寝"宫，是周王的办公室。路寝门上即画有猛虎，故此门又称虎门。古人认为"（路寝）门外画虎焉，以明猛于守，宜也"。如果我们加以联想，不难发现，旧时许多住宅大门前，那一对把门的石狮子，在某种意义上讲，其实也有门神的味道。

2. 钟馗——最厉害的门神

唐代，出现了一位门神钟馗，他不但捉鬼，而且吃鬼，所以人们常在除夕之夜或端午节将钟馗图像贴在门上，用来驱邪辟鬼。清富察敦崇《燕京岁时记》称："每至端阳，市肆间用尺幅黄纸盖以朱印，或绘天师钟馗之像，或绘五毒符咒之形，悬而售之，都人士争相购买，贴之中门，以避崇恶。"其形象是豹头虬髯，目如环，鼻如钩，耳如钟，头戴乌纱帽，脚着黑朝鞋，身穿大红袍，右手执剑，左手捉鬼，怒目而视，一副威风凛凛、正气凛然的模样。据说他捉鬼的本领及威望要比神荼、郁垒高得多。至于其来历，据《补笔谈》卷三、《天中记》卷四、《历代神仙通鉴》卷一四等书记载，钟馗原来是陕西终南山人，少时即才华出众，唐武德（618—626年）中赴长安参加武举考试，仅因为相貌丑陋没有中举，于是恼羞成怒撞死在殿阶上，唐高祖听说后特别赐给红官袍予以安葬。后来唐玄宗偶患脾病，请了许多医生救治，效果不佳，宫廷上上下下都很着急。一天晚上唐玄宗睡着后，忽然梦见一个小鬼偷窃

钟馗抓鬼的故事在民间广为流传

宫中财物之后沿着殿墙边逃跑，唐玄宗急忙喊叫捉拿，只见一位相貌魁梧的大汉跑上殿来，捉住小鬼，将小鬼吃掉。唐玄宗问他是什么人时，他回答说是"武举不中进士钟馗"。唐玄宗醒来后，第二天病就痊愈了，于是请来画匠吴道子将钟馗的像画了下来，所画之像与玄宗梦中所见的一模一样，玄宗大悦，将之挂于宫门之上，作为门神。道教将这种信仰吸收，将钟馗视为祛恶逐鬼的判官，从此钟馗便成为道教驱鬼捉鬼的神将。

民间有很多关于门神的传说

灶神 门神 财神
084

武将门神

3. 武将门神

　　成庆是最早的武将门神。《汉书·景十三传》曰："广川惠王越，殿门有成庆画，短衣大裤长剑。"颜师古注云："成庆，古之勇士也。"也有人说成庆就是战国时的勇士荆轲。唐代以后，秦琼和尉迟恭代替了成庆之位。秦琼、尉迟恭在元代以后，才被承认为门神，但是这两个人是唐朝人。根据明朝《正统道藏》中的《三教搜神大全》《搜神记》《历代神仙通鉴》等的记载，二门神为唐代秦琼（秦叔宝）、尉迟恭（尉迟敬德）二位将军。相传唐太宗身体不太好，寝宫

陕西门神剪纸

门外有恶鬼邪魅号叫，六院三宫，夜无宁日。于是太宗将情况告诉众大臣，秦叔宝上奏说："臣平生杀人如摧枯，积尸如聚蚁，何惧小鬼乎！愿同敬德戎装以伺。"太宗准奏，夜晚让二人立于宫门两侧，一夜果然平安无事。太宗嘉奖二人后，觉得整夜让二人守于宫门，实在辛苦，于是命画工画二人像，全装怒发，手执玉斧，腰带鞭练弓箭，一如平时，悬挂在两扇宫门上，从此邪祟得以平息。直到元代人们才沿袭这种做法，奉二人为门神。此前也曾经有过类似的记载，但是均未说明是此二人，如南宋佚名氏

《枫窗小牍》曰:"靖康以前,汴中家户门神多番样,戴虎头盔,而王公之门,至以浑金饰之。"宋代赵与时《宾退录》记载说:"除夕用镇殿将军二人,甲胄装。"直到明清以后,书中记载才明确为秦琼和尉迟恭二人,如清代顾禄《清嘉录·门神》中记载:"夜分易门神。俗画秦叔宝、尉迟敬德之像,彩印于纸,小户贴之。"清代李调元《新搜神记·神考》记载:"今世俗相沿,正月元旦,或画文臣,或书神荼、郁垒,或画武将,以为唐太宗寝疾,令尉迟恭、秦琼守门,疾遂愈。"另据今人张振华、常华所著的《中国岁

关于门神的很多习俗在一些地区仍在延续

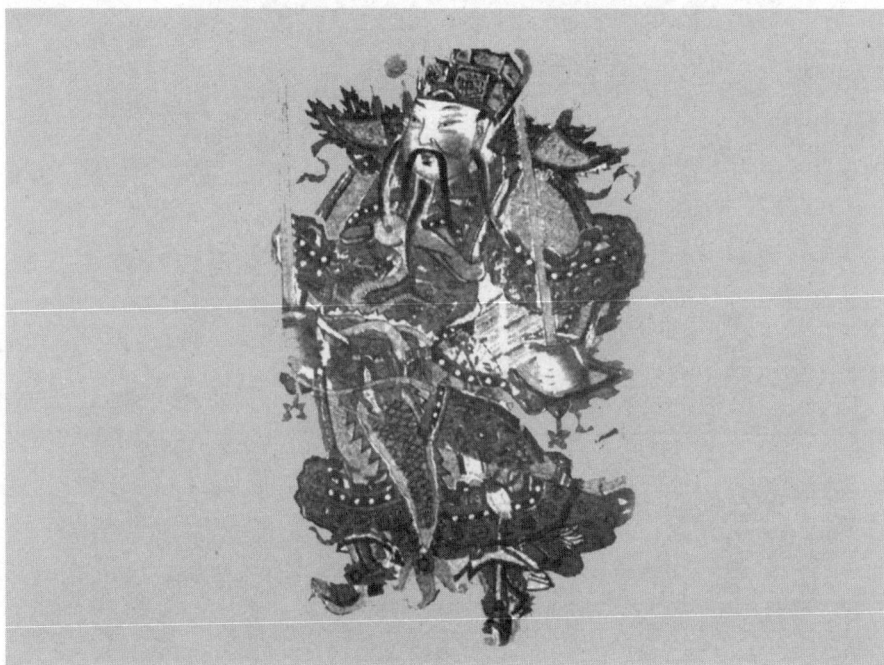

时节令礼俗》记载："贴门神，历史悠久，因地方不同，时代不同贴用的也不同。北京多用白脸儿的秦叔宝和黑脸儿的尉迟敬德。至今仍有住户这样做，以祈人安年丰。"这些记载都表明二神从受祀后，至今仍然被人们所信奉。

明清以后的武将门神，各地不尽相同。如河北门神是马超、马岱和薛仁贵、盖苏文；河南门神多为赵云、马超；陕西门神是孙膑、庞涓及黄三太、杨香武；汉中一带还有孟良、焦赞；北京甚至将文臣魏征奉为武将门神。《西游记》中记述："魏征斩了犯罪的泾河老龙王，老龙王之魂进宫向唐太宗索命。前门因秦琼、尉迟恭把

武将门神

守，无法进入，他便到后宰门搅闹，于是魏征夜晚手持宝剑镇守后门，鬼魅消去。这样，儒雅的魏征成了武将门神，其门神形象也是仗剑怒目，威风凛凛。此外，武将门神还有燃灯道人、赵公明、马武、姚期、杨延昭、穆桂英等数十位，皆取材于古典演义小说。

4. 文官门神

与驱邪魔、卫家宅、保平安的捉鬼门神和武将门神不同，文官门神及祈福门神是寄托人们祈望升官发财、福寿延年愿望的。

文官门神以天官居多。这类门神戴纱

帽，穿一品绣鹤朝服，或抱象牙笏板，或
持吉祥器物，白面美髯，一派雍容华贵模
样。天官为三官（天官、地官、水官）之首，
号"赐福紫微帝君"，故又称"赐福天官"。
民间以天官为福神，有时与禄、寿二仙并
列，即所谓福、禄、寿三仙也。天官门神
大多贴院内堂屋门上，以别于大门上驱鬼
镇妖的武将门神，含有迎福进财之意。

　　文官门神中，还有一对白须文官者，
据说为宋代梁颢。《遁斋闲览》说，梁颢
82岁才中状元，故把梁颢画成了白须皓首
的"状元爷爷"模样。其实，这是个误会。

天官赐福锁

门神

历史上的梁颢是北宋太宗时进士。登第时，年方23岁，是个小伙子。辽军攻河北时，他上疏请明罚赏，斩懦将，擢用武勇谋略之士。以后梁颢知开封府，暴病而亡，时年42岁。民间不察，多用《遁斋闲览》的说法。旧时极流行的启蒙读物《三字经》中，即有"若梁颢，八十二"之句，可见其影响之大。梁颢成了"大器晚成"的典型，以他做门神画，显然有勉励老年人进取之意。文官门神还有取材于"五子登科"的。上面画有五个举灯、执戟、手拿桂枝的童子，寓意"五子登科"。这一典故来自五代窦燕山（窦禹钧）教育五子，连登

科第的故事。

关于门神像的由来有很多版本的传说

5. 祈福门神

文官门神大都与升官发财有关，祈福门神则与多子多福、福寿延年有关。有时二者也配对成双。如天官（或状元）门神，常与松子娘娘配对。此外，还有喜神、和合二仙（象征夫妻相爱和睦）。又有刘海、招财童子，皆系小财神，尤为商贾所供奉。这类祈福门神多含寓意，如一天官左手举盘，盘上置一寿山石，石上升起毛笔一支，暗含"寿比（笔）南山"。另一天官，手托红色蝙蝠、海水之类，隐寓"福（蝠）如东海"。有意思的是，鬼仙钟馗有时也作为祈福门神出现。他身着红色官衣，头戴纱帽，手持一笏，上有一桃一笔，取其"必（笔）然长寿（桃）"之意。

祈福门神上常常添画一些吉祥物，取其吉利，多用谐音双关方法。正如《月令广义·十二月令》所说，门神至"后世画将军朝官诸式，复加爵、鹿、蝠、喜、马、宝、瓶、鞍等状，皆取美名，以迎祥祉"。爵、鹿、蝠、喜、马、宝、瓶、鞍八物的含义为：爵樽，借指爵秩、官位；鹿，借指荣禄；蝙蝠，借指景福；喜鹊，借指喜庆；马，借指驿马；元宝，谐音"驰报"；

祈福门神旁常添画一些吉祥物

瓶、鞍，谐音"平安"。绘此八物，即取"爵禄福喜，马报平安"八字含义。

　　门神系统的多元化，说明人们内心所祈望的"喜""福""吉""祥"的具体内涵也是多元的。面目慈和的祈福门神代替神情狰狞的武将门神，可以使居所的主人体会到某种亲近感，不过一般宅院在堂室的内门贴用祈福门神时，大门仍然用厌鬼驱邪的武将门神镇守，这说明人们的观念中依然存在着难以磨灭的早期门神崇拜的痕迹。

6. 其他门神

(1) 老少太监门神

　　门神为老少太监，分辨老少太监的

门神崇拜在民间有着广泛的群众基础

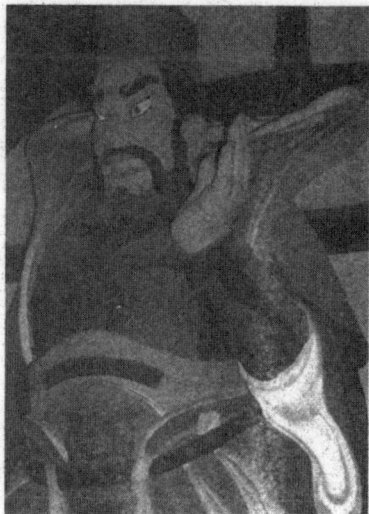

门神彩塑

沈阳故宫门上张贴的门神

方法主要是从面貌的不同来区分：年长的太监脸上刻画出岁月的刻痕，年轻的太监则面色红润。在服饰方面，由上而下依序为圆领衫、束玉带、蟒袍，而脚穿的是笏头履。所执的侍器，两人亦有不同：年长的太监右手捧香炉，左手持拂尘；年轻的太监右手扶玉带，左手捧着瓶花。民间俗称二人所捧之侍器为香、花。

(2) 宫娥门神

两位宫娥头上均作束发，且打双髻，髻下束有牡丹卷草花纹的簪戴，且耳下有垂珠的耳坠。在服饰方面，身披帛飘带，给人有一种轻盈的感觉；身穿直领袄，上

门神秦琼像

贴门神是为了敬神求福，祈祷平安

门神像

有菱形花纹；衣着大袍，腹有围腰加束，束下悬有宫条和玉佩流苏。在所执侍器方面，左侧的宫女左手捧桃果，右手执玉如意；右侧的宫女右手捧高足的灯具，左手亦执玉如意。二位宫娥和老少太监所捧的侍器加起来，正好是民间喜用的四祥器：香、花、灯、果。

(3) 哼哈二将门神

左边门的门神伸出一指，嘴巴微张，像是在大声喝道："哈！"右门的门神则是翘起两指，仿佛发出"哼"的一声。他们就是著名的守护神哼哈二将。

(4) 加官进禄门神

门神一人持冠，一人捧鹿，冠与官谐音，鹿与禄谐音，组合起来便有了加官进禄的意思。

(5) 富贵晋爵门神

门神则一人捧牡丹，一人捧爵，牡丹比喻富贵，爵比喻官爵，结合起来，便有富贵晋爵的意思了。

(6) 字匾门神

演变成只有字匾，通常穷人家用字匾门神。

此现象说明，一种习俗形成后，是很难加以改变的。另一种情形是新旧门神同时供奉，前引《清嘉录》卷十二所记最为典型。清李调元《新搜神记·神考》亦反映此情况，他说："今世俗相沿，正月元旦，或画文臣，或书神荼、郁垒，或画武将，以为唐太宗寝疾，令尉迟恭、秦琼守门，疾遂愈。"这些都反映出民间信仰的多样性，道教只是因袭民俗而崇奉之而已。

7. 明清到民国间的武将门神

明清至民国期间的武将门神在全国各地各有不同，和北京民居中的门神在人物上是有区别的。如河南人供奉的门神为三国时期蜀国大将赵云和马超；河北人供奉的门神是马超、马岱哥俩；冀西北则供奉唐朝时期的薛仁贵和盖苏文；陕西人供奉孙膑和庞涓，黄三太和杨香武；重庆人供奉明朝末期"白杆军"著名女帅秦良玉；而汉中一带张贴的多是孟良、焦赞这两位莽汉。

8. 现今的"门画"门神

1949 年以后，人们科学意识增强，迷信意识淡薄，有些地方，便把刘胡兰与赵一曼、董存瑞与黄继光等抗日战争、解放战争、抗美援朝战争时期的战斗英雄、民族英雄的画像，逢年过节贴在大门上。这样一来，门神便不为门神，而演变为门画儿了。

门神画

各种相关传说

每家门上都张贴了门神

如今，门画儿的张贴内容更为广泛。如彩绘福寿图、五谷丰登图、六畜兴旺图、工农建设图、儿童欢乐图、火箭腾空图、十帅跃马图、拥政爱民图、军民联欢图等。

现在过春节，在民户大门，还有不少张贴神荼、郁垒，秦琼与尉迟恭门神像和历代武将画像的，但与古时相比，其意义截然不同了。古贴门像，为敬神、拜佛、求福祈祷平安；今贴门像，表达的是对平安、幸福的向往与追求。

（三）财神之"同"

财神虽然也分为很多类，但他们的职

能基本一样，就是掌管钱财。

1. 范蠡——生财有道的陶朱公

范蠡是一位文财神。他是春秋战国之际杰出的政治家、思想家和谋略家，同时也是一位生财有道的大商人。

范蠡，字少伯，天资聪颖，少年时便有独虑之明。后被越王勾践拜为上大夫。越国兵败于吴国，范蠡与越王一同去屈事吴王夫差。回国后又辅佐越王富国强兵，终于打败了吴国。灭吴之后，越国君臣设宴庆功，群臣皆乐，唯独勾践面无喜色。范蠡察此微末，立识大端：越王为争国土，不惜群臣之死，而今如愿以偿，便不想归

陶朱公商训

范蠡像

功于臣下。于是，范蠡毅然向越王辞官隐退，带领家属随从，架扁舟，泛东海，来到齐国。

范蠡父子在齐国海边耕种土地，勤奋治产不久，就积累家产数十万金。齐人闻其贤，请为其相。范蠡叹息："居家则致千金，居官则致卿相，此布衣之极也。久受尊名，不祥。"于是，它归还了相印，将钱财尽数分给朋友和乡邻，只带上最贵重的物品，暗自离开齐都，悄悄来到陶地。范蠡认为，陶地处天下之中，为交易的必通要道，由此可以致富，以为后半生的保证，自此定居下来，自称陶朱公。（"陶"，

指陶地，或说隐语"逃"；"朱"，一说
为富翁的象征，或说寓己曾做高官；"公"，
一说是对尊长、平辈的敬称，或说寓己曾
做公爵）。范蠡父子靠种地、养牲畜、做
生意又积累了数万家财，成为陶地的大富
翁，后两家又分财于百姓，天下人都赞美
陶朱公，拜其为财神。

陶朱公的经营智慧历来为民间所敬
仰，于是有许多经营致富术托于陶朱公名
下。如《经商十八忌》：生意要勤快，切
忌懒惰；价格要定明，切忌含糊；用度要
节俭，切忌奢华；赊账要认人，切忌滥出；

相对赵公明，关于范蠡的
传说更加贴近于民间

陶朱公范蠡像

货物要面验，切忌滥入；出入要谨慎，切忌潦草；用人要方正，切忌歪邪；优劣要细分，切忌混淆；货物要修整，切忌散漫；期限要约定，切忌马虎；买卖要适时，切忌拖误；钱财要明慎，切忌糊涂；临事要尽责，切忌妄托；账目要稽查，切忌懒怠；接纳要谦和，切忌暴躁；立心要安静，切忌粗糙；说话要规矩，切忌浮躁。十八忌多是商家经验之谈，托名陶朱公，由此可见，他作为财神在民间商人心目中的智慧形象。范蠡一生艰苦创业，积金数万；善于经营，善于理财，又能广散钱财，故称

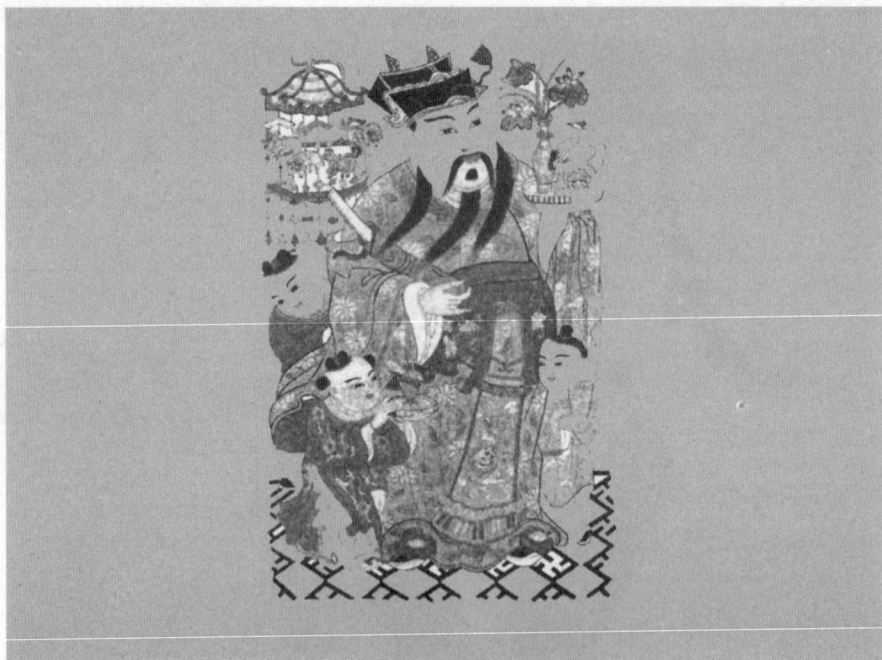

其为文财神也就理所当然了。

2.赵公明——专司人间财富之神

世人奉祀的财神，影响最大的当推赵公明。据《三教搜神大全》载，赵公明神异多能，变化无穷，能够驱雷驭电，唤雨呼风，降瘟剪疟，保命解灾，故人称"元帅之功莫大焉"。凡买卖求财，只要对赵公明祈祷，便无不称心如意，故而民间奉其为财神。旧时年画中，赵公明的形象多为头戴铁冠，手持宝鞭，黑面浓须，身跨黑虎，面目狰狞，因此人们又称其为武财神。

民间关于赵公明的传说，由来已久。

早在晋代年间，干宝《搜神记》中，赵公明为专取人性命的冥神之一。东晋时期，陶弘景《真诰》中记述，赵公明为致人疾病的瘟神。隋唐时期，《三教源流搜神大全》载，隋文帝开皇十一年六月，有五力士在空中出现，分别身披青、红、白、黑、黄五色袍，各手执一物：一人执勺子和罐子、一人执皮袋和剑、一人执锤、一人执扇、一人执火壶。文帝问太史张居仁："他们是何方神圣？主管哪些灾福？"张居仁奏曰："他们乃五方力士，在天上作为五鬼，在人间为五位瘟神，即春瘟张元伯、夏瘟刘元达、秋瘟赵公明、冬瘟钟仕贵、

总管中瘟史文业，主管世间瘟疫。此乃天
地运行时所产生的疾病。"文帝问："怎
么才能制止，使世人免受瘟疫呢？"张居
仁答曰："瘟疫是上天降临的疾病，无法
制止。"于是那年许多百姓死于瘟疫。是
时，文帝下令立祠，于六月二十七日诏封
五方力士为将军。

赵公明的瘟鬼性格到了《列仙全传》
中就更为具体了，只是他又从五方瘟鬼之
一变成了八部鬼帅之一。元明时有八部鬼
帅，各领鬼兵亿万数，周行于人间。刘元
达领鬼兵施杂病，张伯元领鬼行瘟疫，赵
公明领鬼施人间以痢疾，钟子季（钟仕贵）

迎财神

灶神 门神 财神
108

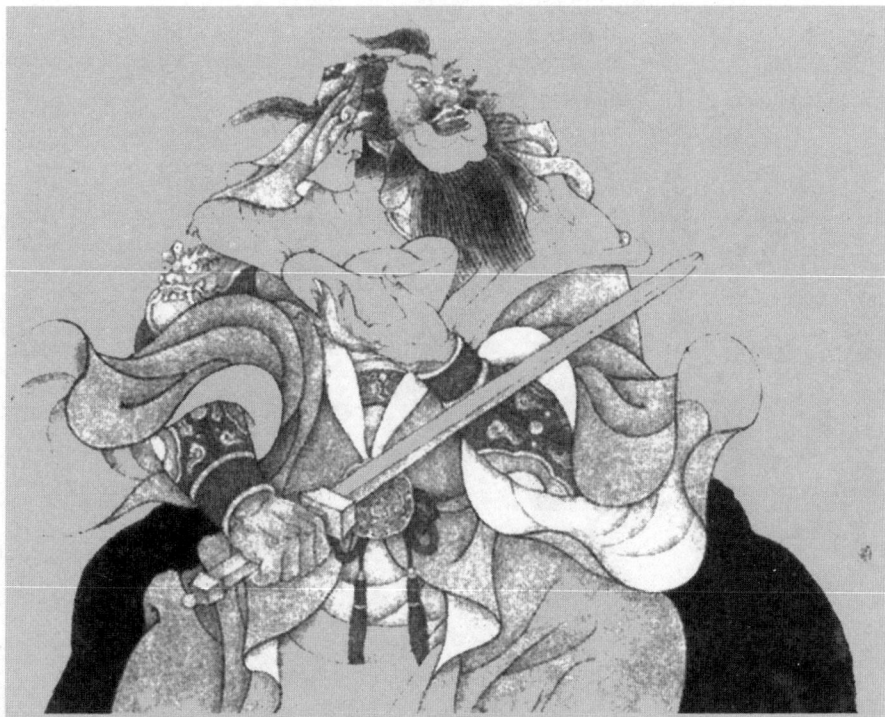

财神赵公明

施人间以疮肿，史文业行寒疾，范巨卿行酸瘆，姚公行五毒，李公仲行狂魅赤眼，给人间降下许多灾祸疾病，夺走了万民性命，枉天无数。

直到《封神演义》问世，赵公明才不再像昔日那样浑身充满邪气、鬼气和瘟气。姜太公奉元始天尊之命按玉符金册封神，封赵公明为"金龙如意正一龙虎玄坛真君"，职责是专司金银财宝，迎祥纳福。从此，赵公明开始掌管天下财富，做了财神爷。赵公明司财，能使人宜利和合，发家致富，这正符合世人求财的愿望，所以

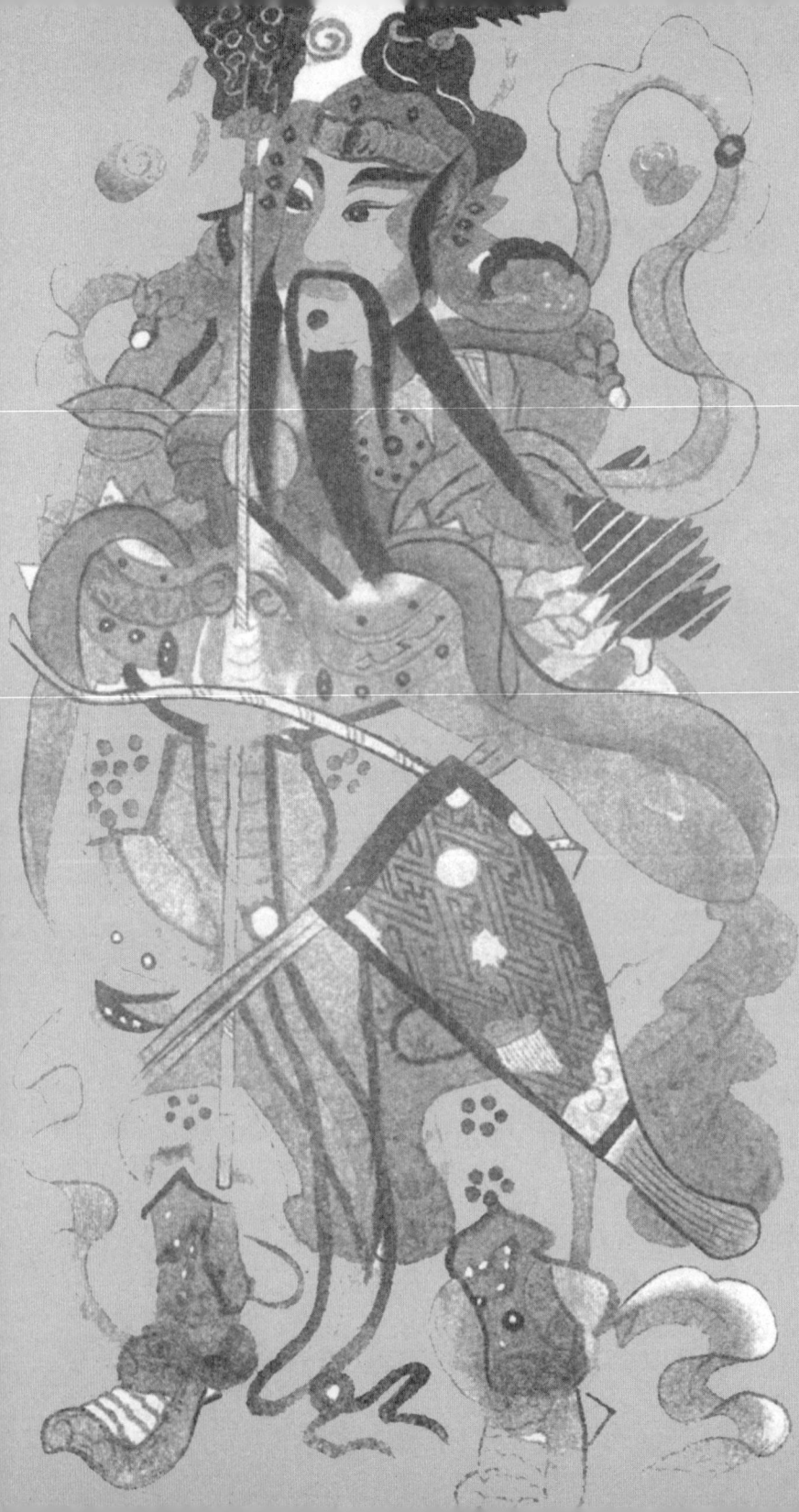

民间广泛敬祀赵公明，而他原来作为冥神、瘟神、鬼帅的面目被日渐淡忘了。民间所供的财神赵公明皆顶盔披甲，着战袍，执鞭，黑面浓须，形象威猛。周围常附之聚宝盆、大元宝、宝珠、珊瑚之类，更加强了财源茂盛的效果。

3. 刘海蟾——撒钱济贫的准财神

在中国民间信仰的众多财神中，有一类只能算作是准财神，意为未得财神封号，但由于此神能为人们带来一定的财运，承担了一部分财神的职责，于是人们就将其作为财神看待。刘海蟾就是其中最具代表性的一位准财神。

刘海蟾，原名刘操，五代时人，籍燕山（今北京），曾为辽进士，后为丞相辅佐燕主刘宗光。此人素习"黄老之学"。

《历代神仙通鉴》中有云：一日，有自称正阳子（吕洞宾）的道士来见，刘海以礼相待，道士为其演习"清净无为之示，金液还丹之要"。索鸡蛋十枚，金钱十枚，以一钱间隔一蛋，高高叠起成塔状。刘海惊道："太险！"道士答道："居荣禄，履忧患，丞相之危更甚于此！"刘海顿悟。后解去相印，改名刘玄英，道号"海蟾子"，拜吕洞宾为师，得到成仙，云游于终南山、太华山之间。

刘海蟾是众多财神中最具代表性的一位

旺财蟾蜍

元世祖忽必烈封其为"海蟾明悟弘道真君"，武宗皇帝加封"海蟾明悟弘道纯佑帝君"。

以此看来，刘海是个悟后弃富的道士，本与财神无缘，刘海成为财神也许是源于他的道号——海蟾子。蟾，即蟾蜍，因此物相貌丑陋，分泌物有剧毒，对人体有害，被列为五毒（蝎、蛇、蜈蚣、壁虎、蟾蜍）之一。又因蟾蜍的分泌物蟾酥有强心、镇痛、止血等作用，又受人们崇拜。《太平御览》引《玄中记》云："蟾蜍头生角，得而食之，寿千岁，又能食山精。"当时人们把蟾蜍当成了避五病、镇凶邪、助长生、主富贵的吉祥物，是有灵气的神物。刘海是以"蟾"

为道号而闻名，又以"刘海戏金蟾"的传说被抬上了财神的宝座。

刘海戏金蟾出现在大量的民间年画和剪纸中，历代画家也有不少这一题材的佳作传世。在这些作品中，刘海皆是手舞足蹈、喜笑颜开的顽童形象，其头发蓬松，额前垂发，手舞钱串，一只三足大金蟾叼着钱串的另一端，作跳跃状，充满了喜庆、吉祥的财气。刘海所戏金蟾并非一般蟾蜍，而是三足大金蟾，举世罕见。金蟾被看做一种灵物，古人认为得之可以致富。这是刘海被塑造成财神的主要根据。据说，刘海用计收服了修行多年的金蟾，得道成仙。刘海戏金蟾，金蟾吐金钱。他走到哪里，就把钱撒到哪里，救济了不少穷人，人们尊敬他，感激他，称他为"活神仙"。为此，还修建了刘海庙，把他的故事编成戏剧，到处吟唱。

4. 五路神及利市仙官——招财进宝的偏财神

文武财神是民间所谓的正财神，在正财神之外，还有偏财神，这是就财神所在的神像位置而言的。民间的偏财神经常是指被称为"五路神"的财神。在《封神演义》中，五路财神指的是赵公元帅、招宝天尊萧升、纳珍天尊曹宝、招财使者陈九

灶公灶母像

公和利市仙官姚少司。"五路神"又指路头、行神。清人姚富君说："五路神俗称财神，其实即五祀门行中之神，出门五路皆得财也。"其中的五路是指东西南北中五方，意为出门有五路神保佑可以得好运，发大财。五路财神都是吉祥神，也是民间吉庆年画中常见的形象，他们深受人们的喜爱和崇拜。每年正月初五是五路财神的生日。这天天刚放亮，城乡各处都可听到一阵阵鞭炮声。为了抢先接到财神，商家多是初四晚举行迎神仪式，准备好果品、糕点及猪头等祭祀用品，请财神喝酒。届时，主人手持香烛，分别到东南西北中五方财神

各种相关传说

龙凤钱马

堂接财神，五位财神接齐后，挂起财神纸马，点燃香烛，众人而礼膜拜，拜罢，将财神纸马焚化。

到了初五凌晨，人们抢先打开大门，敲锣打鼓，燃放鞭炮，向财神表示欢迎。接过财神，大家聚在一起喝路头酒，直喝到天亮开门营业，据说可保一年"生意兴隆，财源茂盛"。清代蔡云《吴歈》中有生动描述："五日财源五日求，一年心愿一时酬。提防别处迎神早，隔夜匆匆抢路头。"所谓"抢路头"即抢接五路财神，人们个个争先放头通鞭炮，以此祈盼发家致富。

在民间所供财神中，不管是赵公元帅，还是赐福天官，身边总要配以利市仙官，因此，利市仙官可以说是地地道道的偏财神。有关利市仙官的来历，在《封神演义》中有记载：利市仙官本名姚少司，是大财神赵公明的徒弟，后被姜子牙封为迎祥纳福之神。所谓"利市"包含三重含义：一是指做买卖时得到的利润；二是指吉利和运气；三是指喜庆或节日的喜钱，如压岁钱等。人们信奉他，是希望得到利市财神保佑，生活幸福美满，万事如意。到了近代，

每逢新年，家家户户都要贴财神

各种相关传说

117

关公在中国是一个家喻
户晓、妇孺皆知的人物

一到新年，有的人特别是商人，还把利市仙官图贴到门上，并配以招财童子，对联上写"招财童子至"与"利市仙官来"，隐喻财源广进，吉祥如意。

5. 关羽——靠"信义"致富的财神

关公即关羽，在中国是一个家喻户晓、妇孺皆知的人物。近代以来，越来越多的人把关公作为全能保护神、行业神和财神，《民间新年神像图画展览会》的作者说："关公被人视为武神、财神及保护商贾之神。人遇有争执时，求彼之明见决断。旱时，人们又向彼求雨，又可求病人药方，被人视为驱逐恶鬼凶神之最有力者。"

据徐道《历代神仙通鉴》记载的一种传说：关公的前生本是"解良老龙"，汉桓帝时，河东连年大旱，老龙怜众心切，是夜遂兴云雾，汲黄河水施降。玉帝见老龙有违天命，擅取封水，令天曹以法剑斩之，掷头于地。解县僧普静，在溪边发现龙首，即提到庐中置于缸内，为诵经咒九日，闻缸中有声，启视空无一物，而溪东解梁平村宝池里关毅家已有婴儿落地，乳名寿，幼从师学，取名长生，后自名羽，字云长。据《三国演义》载，关羽因原疾恶豪倚势凌人，遂杀恶豪后奔走江湖。东汉末年，与刘备、张飞"桃园结义"，誓共生死，同起义兵，争雄天下。建安五年，曹操出兵大败刘备，刘备投靠袁绍。曹操擒住了关羽，看中关羽为人忠义，拜为偏将军。后曹操察觉关羽无久留之意，便用大量金银珠宝、高官、美女来收买，但关羽丝毫不为钱财名利所动。当关羽得知刘备在袁绍处，立即封金挂印，过五关斩六将去寻刘备。刘备自立为汉中王，封关羽为五虎大将之首。曹操得知大怒，与司马懿设计，联合孙权共取荆州。刘备拜关羽为前将军，都督荆襄诸郡事，令取樊城。关羽分荆州之兵攻取樊城，不幸中吕蒙计，痛失荆州，夜走麦城，兵败被擒，不屈而亡。《三国演义》后又记载：关羽遇难后，阴魂不散，荡荡悠悠，直到荆州当阳县玉泉山上空大呼："还我头来！"山上老僧普静闻曰："昔非今是，一切休论……今将军为吕蒙所害，大呼'还我头来'，然则颜梁、文丑（皆被关羽所杀）等众人之头，又向谁索？"关羽恍然大悟，遂皈依佛门。

关羽一生忠义勇武，坚贞不贰，为佛、道、儒三门崇信。明清时代，关羽极显赫，有"武王"、"武圣人"之尊，由此关羽被世人附会成具有司命禄、佑科举、治病

关羽一生忠义勇武，有"武王"、"武圣人"之尊

古人把关公奉为公正之神

除灾、驱邪避恶等"全能"法力，民间各行各业对"万能之神"关帝顶礼膜拜。人们之所以奉关公为财神，大概是因为关羽不为金银财宝所动，与世间一些贪利妄义之徒形成鲜明的对比。世人尤其是商贾们都敬佩关公的忠诚和信义，希望关公作为他们发财致富的守护神。另外，人们希望商贾坚守诚信进行交易，把关公奉为公证人，来维护传统的道德秩序。关羽之所以成为财神说明民间创造财神的取舍标准首先是一种道德抉择。关公身上体现着一种"忠义勇武"的传统美德，因而以他为财神，明确表达了希望用传统道德秩序来规范近代经济行为的民族集体意识。明清以降，商人行会往往奉关公为保护神，又使之成为集团文化的象征，对内它强调忠诚，对外它强调信义，对事业它强调勇敢进取。于是关公作为传统文化的整体象征就被用来服务于新的发展目标，特别是在海外华裔中，关公信仰发展迅猛，有成为中国第一财神的趋势。究其原因，恐怕在于关公不仅是财神，而且也超越了历史上各个阶级、阶层利用关公信仰的有限目的，而日益抽象为民族生活方式的、具有宗教意义的本体价值依据。